oi

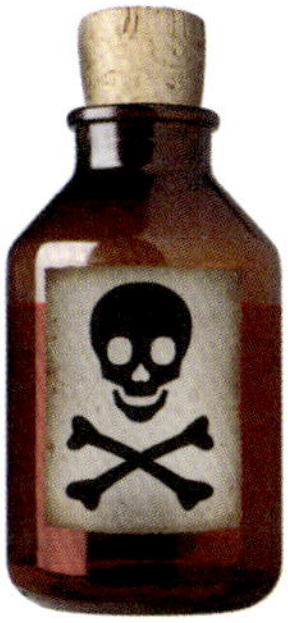

Ransom

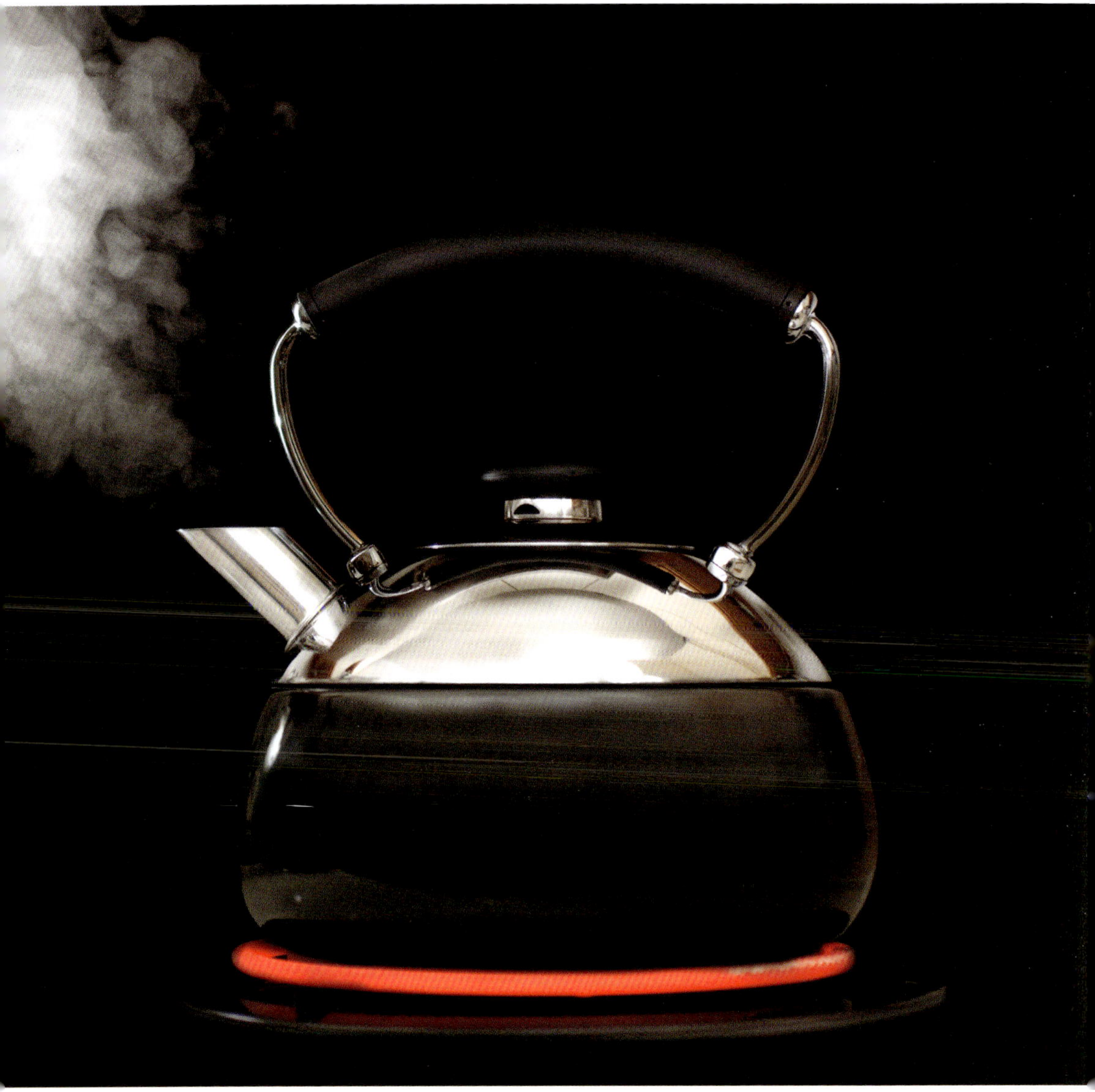

boil

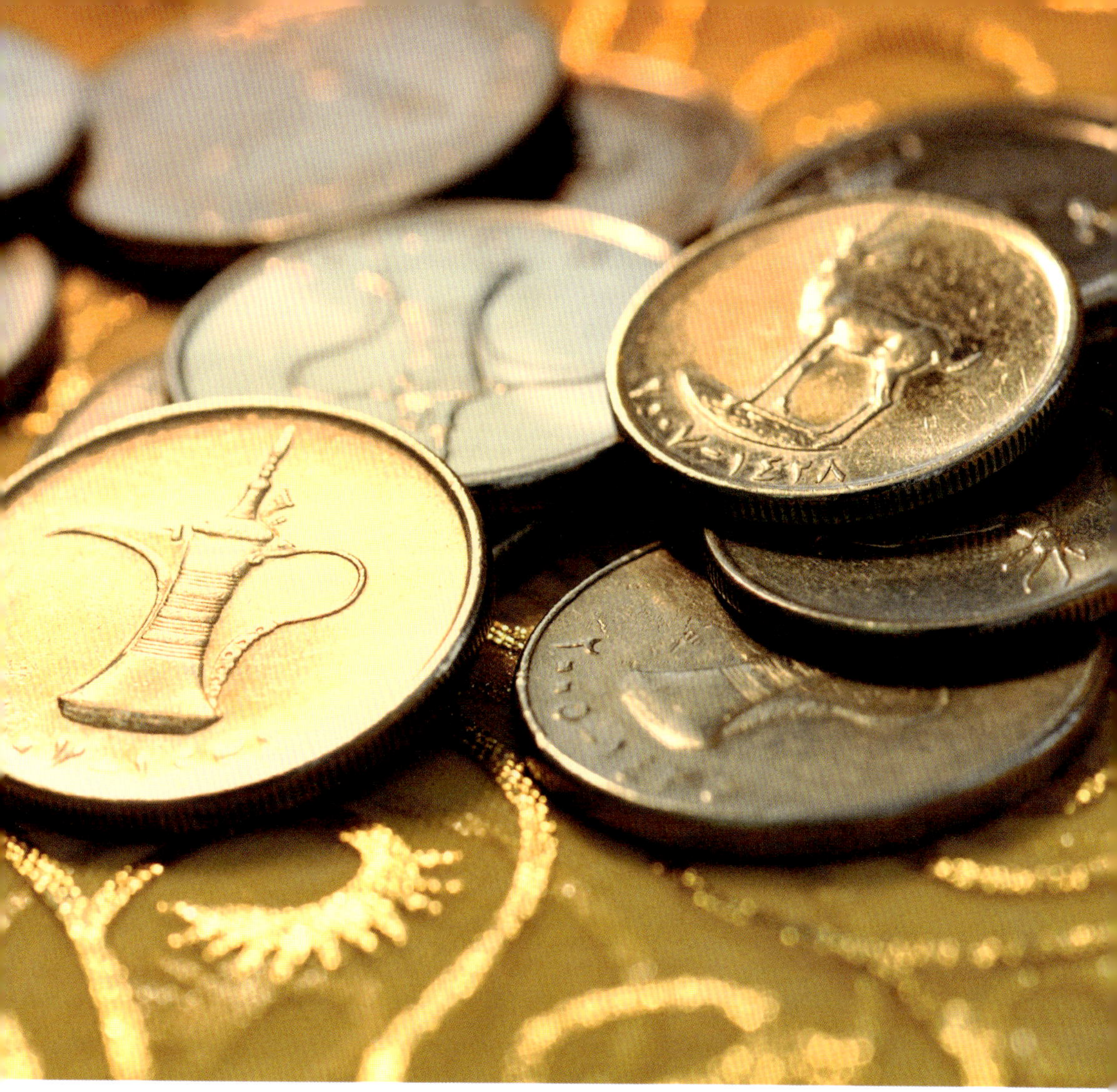

coins

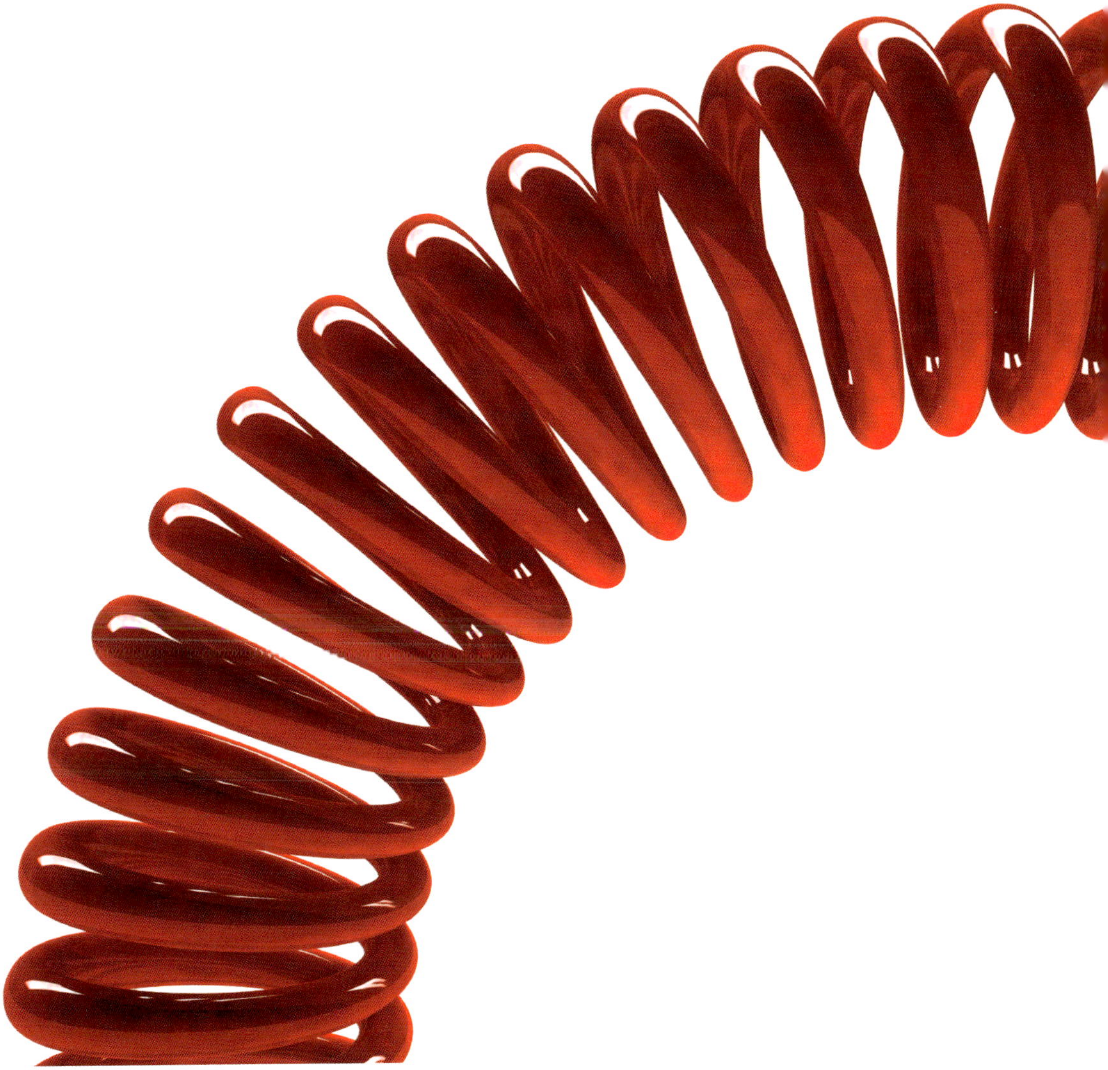

coiled

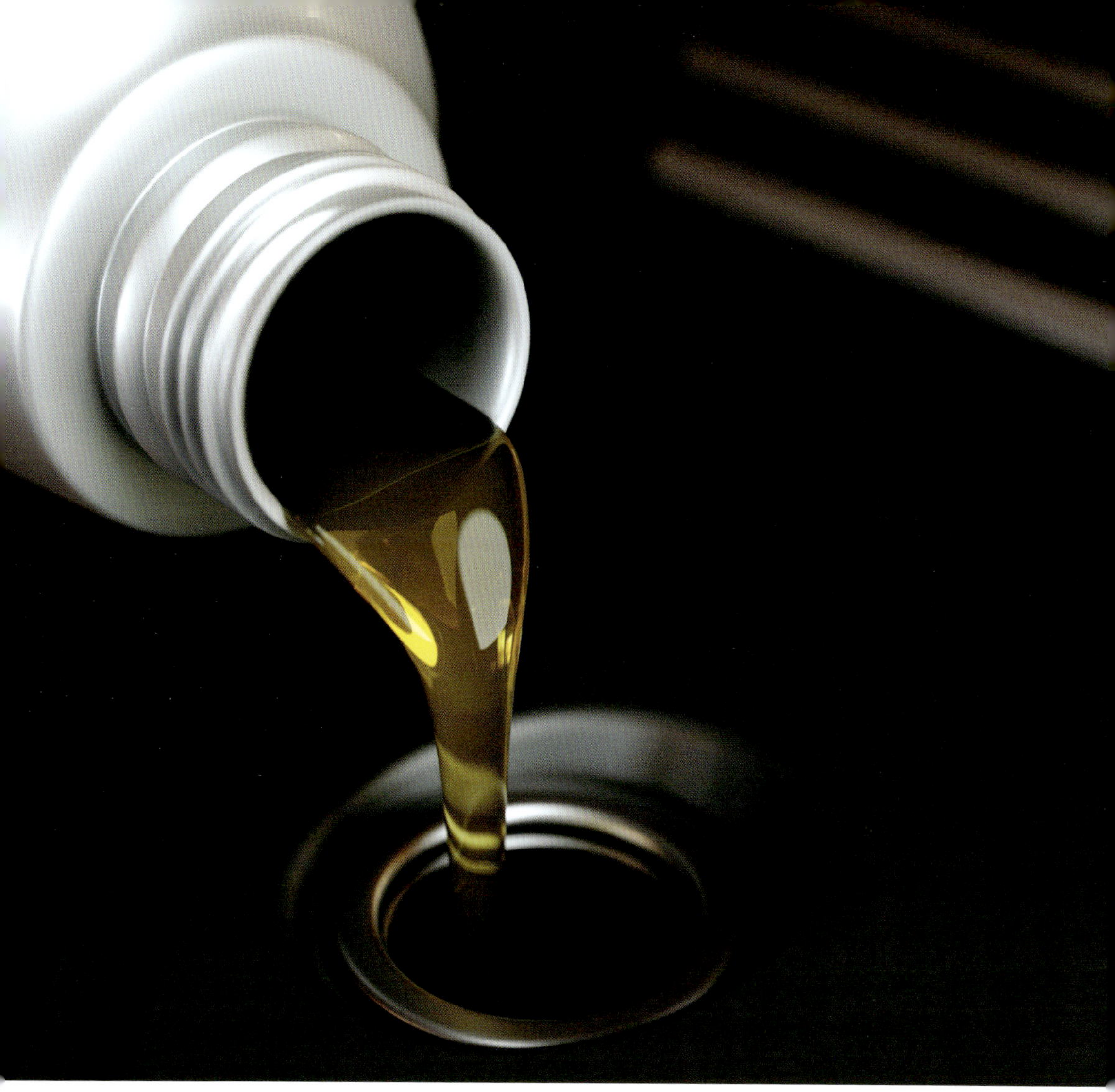

oil

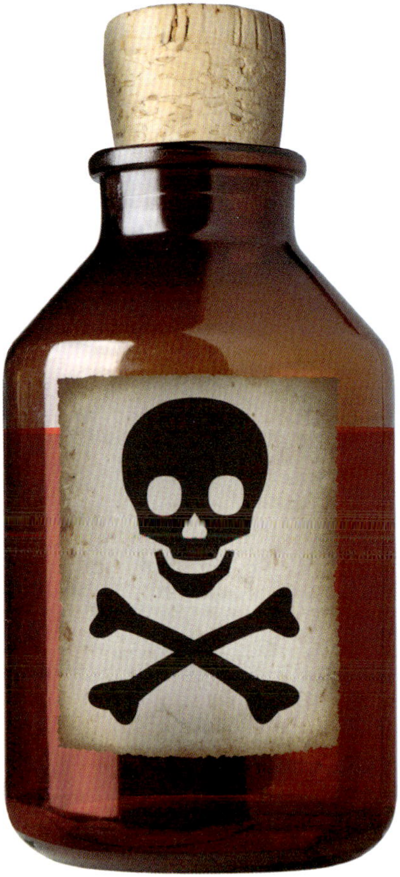

poison

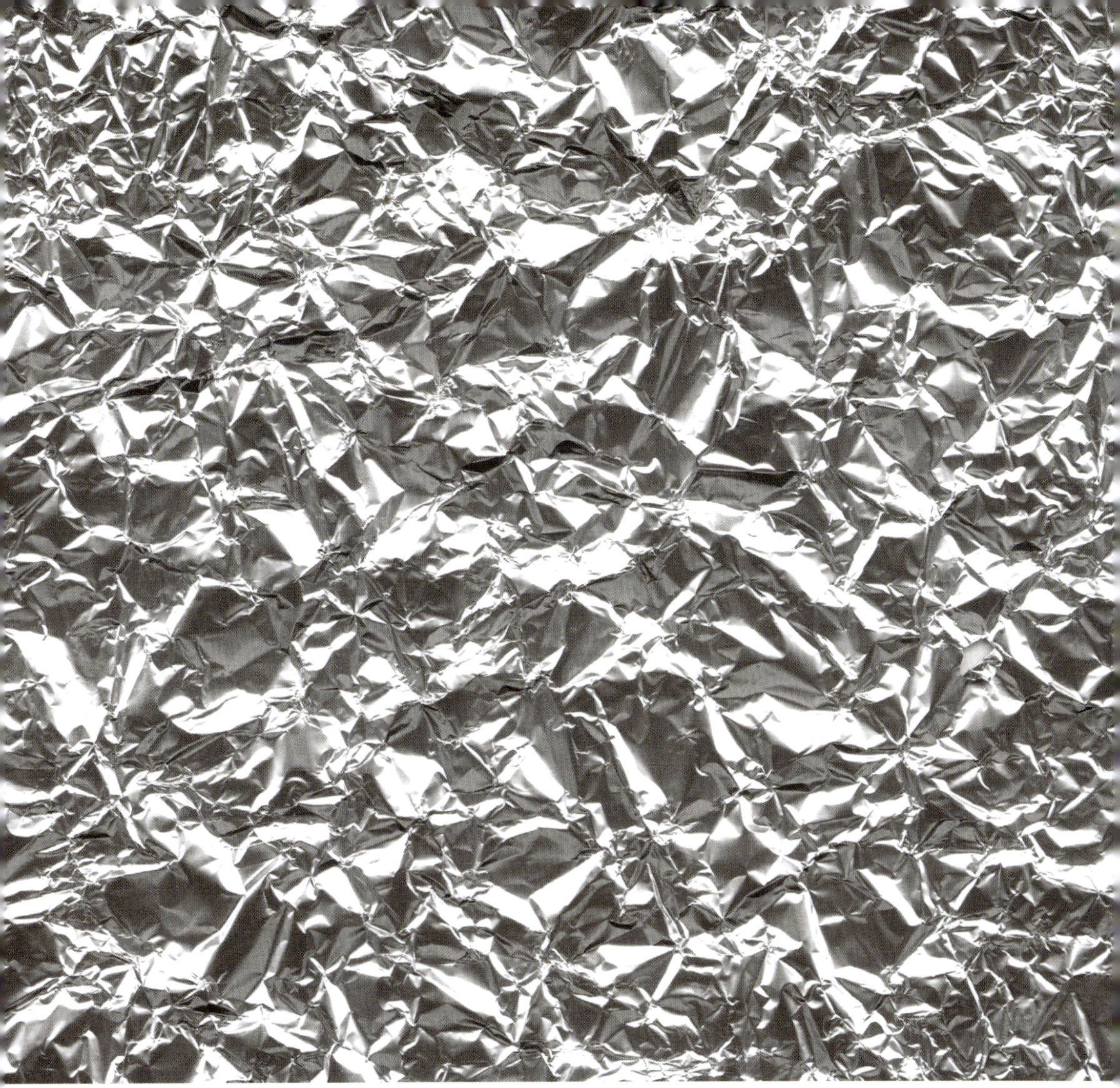

tinfoil

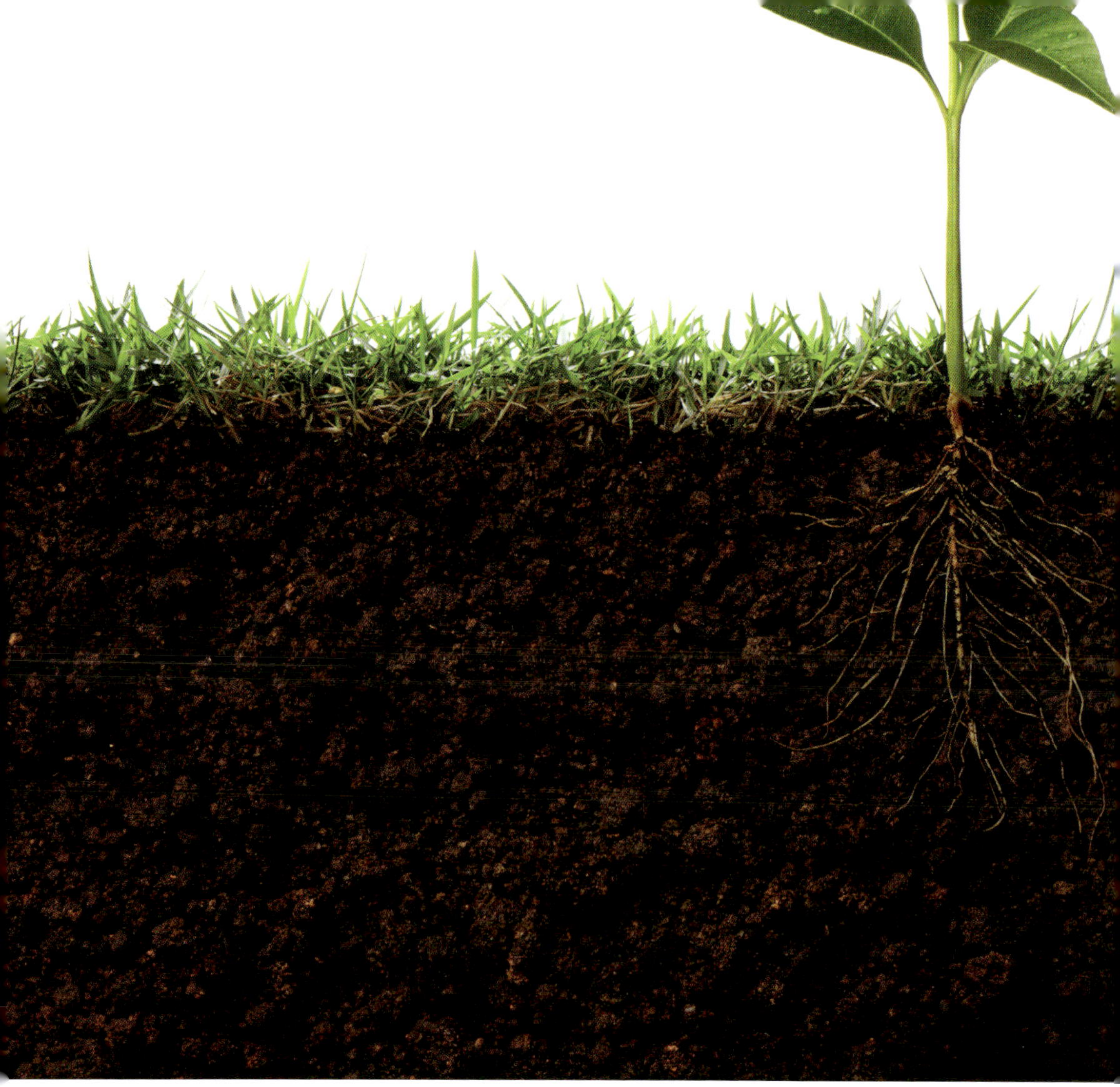

soil

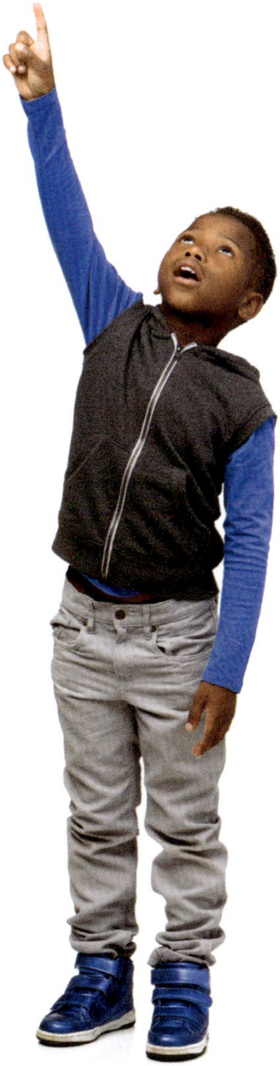

pointing

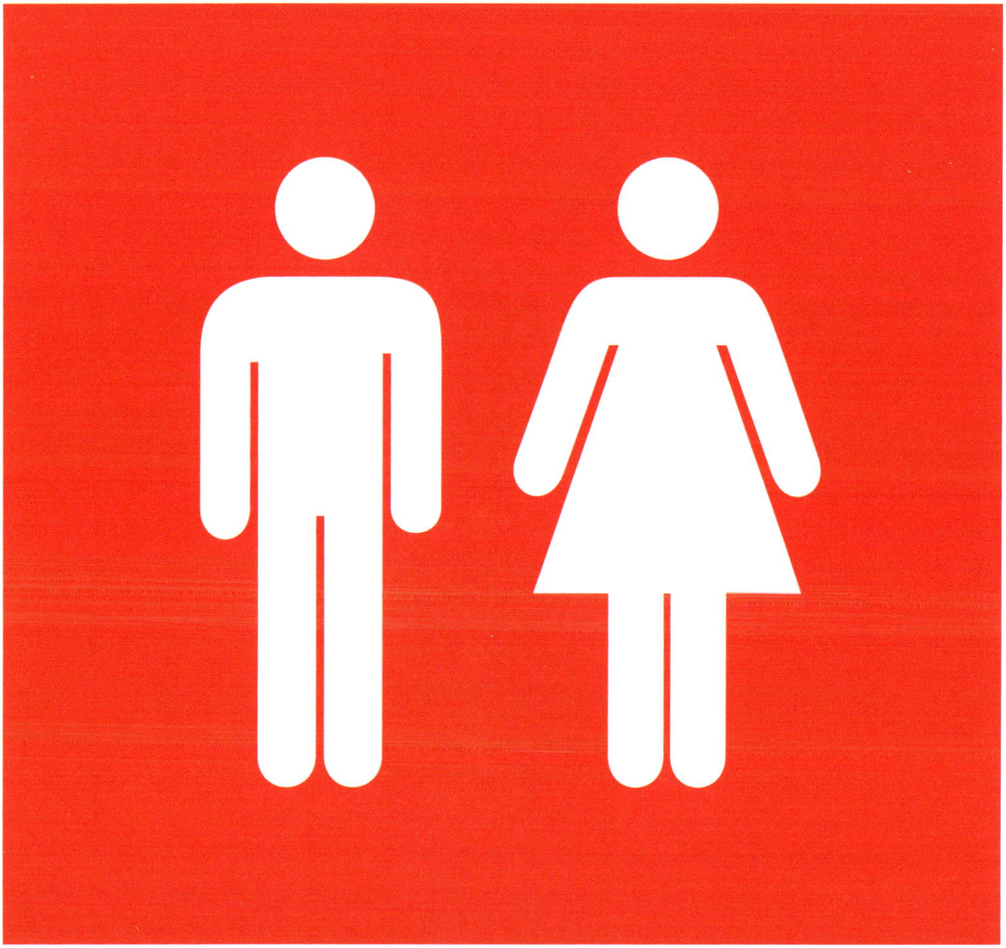

oi oi

oi oi

oi

boil

coins

coiled

oil

poison

tinfoil

soil

pointing